KB201492

심리적인 것인가?
영적인 것인가?

마틴 로이드 존스 著 / 이정선 譯

생명의 샘

CONVERSIONS
PSYCHOLOGICAL AND SPIRITUAL

By

D. Martyn Lloyd-Jones

Translated by

Lee Jung Sun

INTER-VARSITY PRESS

회심 심리적인 것인가? 영적인 것인가?

1994년 1월 30일 초판 1쇄 발행
2017년 11월 20일 2판 1쇄 발행
지은이 마틴 로이드 존스
옮긴이 이정선
발행처 도서출판 생명의 샘
등록일 1999년 9월 21일 제54호
등록주소 서울시 송파구 백제고분로 27길 12(삼전동)
전 화 (02) 2203-2739
팩 스 (02) 2203-2738
이메일 ccm2you@gmail.com
홈페이지 www.ccm2u.com

회심: 심리적인 것인가, 영적인 것인가?

윌리엄 사강 박사는 그의 책 「정신 세계의 전쟁」(Battle for Mind) 심리학적인 배경에서 기독교 회심의 성격에 관한 중요한 질문을 제기한다. 한 마디로, 회심이란 단지 하나의 심리적인 과정에 불과하다는 것이다. 다시 말해서, 어떤 충격 요법이라고나 할까? 그건 것으로 얼마든지 회심이 가증하다고 이야기하고 있다.

이에 로이드 존스 박사는 사강 박사의 주요 논제를 요약한 다음 그것이 함축하고 있는 의미를 논하고, 특히 오순절과 사도 바울의 회심, 그리고 존 웨슬레의 회심에 대한 저자의 해석을 검토한다. 결론 부분에서 그는 그리스도인들은 사강 박사가 제시한 증거들을 경고로 받아들여야 하며, 그들의 복음 전도의 방법들을 매우 신중하게 재검토해야 한다고 주장한다.

목 차

II. 논제의 고찰 / 25

베드로가 일어나서 설교를 시작한다. 청중들은 이미 방언이라는 은사에
반쯤 넋을 잃은 상태이다. … 그런 다음 그는 흥분해 있는
청중들에게 감정의 천둥을 던진다.
오순절의 설교에서 베드로의 충격 작전은
비교적 손쉽게 군중들에게 교리를 주입할 수 있을 만큼
대성공을 거두었다.

III. 이 연구의 긍정적인 가치 / 71

전도와 설교에 있어서 기교와 방언의 사용은
믿음의 결핍을 의미한다. 기교와 방법에 너무 집착하는 것은
성경께서 일하시는 것을 믿지 못하는 표시이다.

회심 심리적인 것인가? 영적인 것인가?

회심 :
심리적인 것인가,
영적인 것인가?

　과학적 집단과 신학적 집단에 엄청난 관심을 불러일으킨 한 권의 책이 있다. 유명한 현직 정신과 의사인 윌리엄 사강(William Sargant) 박사가 쓴 「정신 세계의 전쟁」(Battle for Mind)이라는 책이다. 그 책의 부제는 "회심과 세뇌의 심리학"으로서, 인간 정신의 메카니즘을 선하거나 혹은 악하게 만들기 위해 회심이 사용될 수 있다는 것이 저자의 주요 관심사이다. 이 책에서 그는 심리학적 기교에 의하여 정치적, 사회적 혹은 종교적 회심이 유발될 수 있는 방법에 대하여 이야기 하고 있다.

　먼저, 왜 내가 그 책을 비판적인 안목으로 살펴보는 것이 의무라고 느꼈는지를 말하겠다. 그 책이 여러 면에서 극도로 위험한 책이라고 생각했기 때문이었다.

먼저, 이 책은 과학적 집단과 신학적 집단에
엄청난 관심을 불러일으킨 「정신세계의 전쟁」이라는 책에 대한
로이드 존스 목사님의 바로 잡는 글이다. "

물론 그런 비판적인 시각은 나의 개인적인 느낌이나 의견만
은 아니다. 대학생들을 포함한 수많은 그리스도인들에게 듣는
말인데, 그들 대부분이 그 책에 의해 심각하게 방해를 받았으며
"결국 이것이 우리에게 일어났던 일압니까? 우리가 내내 기만
을 당했단 말이지요?"라고 묻는 것이었다.

어느누구도 한두 번 그런 말을 듣고는 그다지 심각하게 생각
하지 않겠지만, 가는 곳마다 반복적으로 그런 말을 듣게 될 때
에는 이 책이 아주 큰 해악을 끼칠 수 있는 힘을 가지고 있다고
느끼기에 충분한 이유가 되는 것이다.

하지만 나 혼자만 그런 인상을 받은 것은 아니다. 예를 들
어 존 맥켄지(John G. MaKenzie) 교수는 「브리티쉬 위클리」
(British Weekly)지에 기고한 그의 사설에서 "그 책에 대한 관심
은 그것이 벌써 세번째 인쇄에 들어갔다는 사실에 의해 판단될
수 있다"고 하면서, "한 권의 책에 관해 내가 그렇게 많은 편지
를 받아 보기는 이번이 처음이다"라고 쓰고 있다.

> 66 회심이란 단지 조건 반사의 결과로서,
> 공산주의 국가들이 그들의 희생자들에게서
> '세뇌'를 통해 얻어낸 고백과 유사하다. 99

나는 많은 사역자들에게 보내 오는 심리학자들로부터의 편지들이 지금과 마찬가지로 앞으로도 역시 의미 있는 것이라고 생각한다.

맥켄지 교수는 계속해서 이렇게 쓰고 있다.

"나는 이 글을 읽는 독자들이 그 책에 관해 내가 받은 첫번째 편지에 주목해 주기를 바란다. 그 편지를 보낸 사람은 만약 회심이 단지 「정신 세계의 전쟁」이 말하고 있는 것 가운데 하나인 심리적 과정에 불과하다면 성령께서 일하실 수 있는 자리는 어디인지 정말 알고 싶어했다. 사강 박사 자신이, 회심의 심리학에 관한 자신의 설명이 우리의 종교적인 사상을 방해할 수 있는 파블로프의 개에 대한 실험에 근거하여 알 수 있다고 말하지는 않았다(사강 박사는 파블로프의 실험 보고서를 나중에야 접하게 되었고, 파블로프의 조건반사가 자신의 관념유도법과 정확히 일치함을 알았다). 그러나 그가 웨슬레의 방법들과 어떤 미국의 종교 집단의 방법들을 행동주의적인 선상에서 취급한 것은 의

삼할 여지가 없다. 말하자면 회심이란 단지 '조건 반사'의 결과로서, 공산주의 국가들이 그들의 희생자들로부터 세뇌에 의해 얻어 낸 고백과 유사하다는 것이다. 저자가 그것을 의도했든 그렇지 않았든, '종교적인' 경험이나 회심을 부인하기 위하여 웨슬레의 설교와 어떤 종교적인 사교집단에서 시행되는 북을 치는 것, 노래 부르는 것, 춤추는 것, 몸을 떠는 것, 독사를 다루는 것 등을 파블로프의 실험에 의한 결론과 연관시키는 것은 그 모든 것들이 단지 정신에 대한 강탈일 뿐이라는 인상을 주었다."

전적으로 동의한다. 일반적인 독자들에 의해 형성된 의견은 맥켄지 박사가 말한 것과 정확히 일치하며, 그 책이 남기는 마지막 인상은, 사강 박사는 이러한 방밥으로 우리가 영적 회심으로 간주하는 것을 어떻게든 교묘하게 설명해 보려 한다는 것이다.

I. 사강 박사의 주요 논제

이 책의 저자가 정말로 말하고 있는 것은 무엇인가! 이미 앞에서도 잠시 언급했지만, 그는 많은 부분에 있어서 지난 백년 내 가장 위대한 심리학자들 중의 한 사람이라는 데 의심할 여지가 없는 러시아의 심리학자 파블로프의 실험에 근거하고 있다. 파블로프는 "조건 반사"라는 결론으로 인도하는 그의 실험의 확실성 때문에 오랫동안 의학적인 분야와 심리학적인 분야에서 광범위하게 논의되어 왔다.

그것이 무엇을 의미하며 그 사상이 어떤 자료에 근거하고 있는가 하는 것을 간단히 살펴보기로 하겠다.

파블로프는 개를 가지고 실험했다. 그는 개 입 속의 침샘과 위에 작은 관을 연결해 두었는데, 그것은 침샘과 위벽에서 분비되어 소화를 돕는 액체의 양을 측정하기 위한 것이었다.

> '회심'이 단지 심리적 과정에 불과하다면
> 성령께서 일하실 수 있는 자리는 어디인가? "

그가 사용한 방법은 다음과 같았다. 먼저 개에게 음식물을 가지고 와서 개가 보는 앞에서 개의 식사를 만들었고, 그러는 동안에 종을 울렸다. 그는 한 동안 이런 일을 반복적으로 계속했다. 음식물을 보여 주는 것은 물론 개로 하여금 식사를 기다리는 동안 침샘과 위벽으로부터 소화액이 분비되도록 하기 위한 것이었다.

입맛 돋으는 식사를 볼 때 소화액이 분비되는 것은 우리들에게도 역시 일어나는 일이다. 그러나 파블로프의 실험에서의 요점은 그가 식사 준비를 하면서 동시에 종을 울렸다는 사실이었다. 그러한 실험이 상당한 기간 동안 반복된 후에 그는 음식물을 주지 않고 종만 울려도 동일한 결과가 나온다는 것을 발견했다.

그 현상을 그는 바로 "조건 반사"라고 불렀던 것이다. 개의 정신에 그러한 인상을 심어 주고 그런 방식으로 훈련시킴으로써, 실제로는 음식물이 제공되지 않았는데도 종을 울리는 것만으로 기대되는 동일한 상태로 인도할 수 있게 되었다.

> 개에게 어떤 자극을 주어 참을 수 없는 상태에까지 이르면
> 마침내 정신적인 붕괴 상태에 빠진다.
> 이 정신적인 붕괴 이후에는 개들의 정신 속에 새로운 행동이나
> 조건반사를 유발시키는 것이 이전보다 쉬워진다.

결국 그러한 훈련이나 혹은 다른 방법으로 정신에 영향을 미치게 함으로써 원하는 반응을 얻을 수 있다는 추론을 하게 되는 것이다.

금세기 초에 그 실험을 했던 파블로프는 존건 반사에 대한 자신의 실험을 더욱 발전시켰다. 그러나 그의 나중의 실험 결과는 2차 세계대전이 시작되기 전까지는 잘 알려지지 않았다. 그는 개의 정신과 뇌에 대한 보다 진보된 실험을 하는 데까지 나아갔다.

이 분야에서의 그의 실험은 다음과 같이 요약될 수 있다.

그는 여러 가지 세기의 전류로 개를 자극한 결과 일정하지 않은 반응을 산출한다는 것을 발견했다. 전류의 세기를 점점 증가시켜서 개가 정말로 고통을 느끼게 되면 개는 일정하지 않은 반응을 보이다가, 마침내 이 자극에 의해 더 이상 참을 수 없는 상태에 이르게 되면 흥분의 상태를 넘어 결국 정신적인 붕괴 상태에 빠진다는 것을 발견했다.

파블로프는 또한 그런 자극을 계속하면 어느 시점에 이르러

서는 그가 이전에 산출해 냈던 조건 반사가 심각하게 방해를 받는다는 것도 발견했다.

그는 마지막으로, 이 정신적인 붕괴 상태 이후에는 이러한 개들의 정신 속에 새로운 행동이나 새로운 조건 반사를 유발시키는 것이 이전보다 더 쉬워진다는 것을 발견했다.

이러한 일련의 많은 실험들은 그 성격들에 있어서 매우 다양했다. 그러나 중요한 것은 파블로프가 적당한 자극과 그런 일을 계속함으로써 매우 다른 종류의 조건 반사들을 산출할 수 있음을 명확하게 보여 줄 수 있다고 느낀 것이었다. 이것은 더 나아가 개에게 음식을 주지 않거나 그것들을 조작함으로써 개가 질병에 걸리게 할 수도 있다고 하는 데까지 나아갔다.

그는 또한 개들이 인간과 마찬가지로 그 기질이 매우 다양하며, 개들에게도 역시 4가지 타입의 기질(다혈질, 담즙질, 우울질, 점액질)이 있다고 했다. 4가지 타입의 기질이 있다는 전제는 이러한 실험들을 위해 필요한 것들이었다.

이 모든 것의 궁극적인 결과는 무엇이었는가? 여기서 파블로

심리적인 것인가? 영적인 것인가?

프는 우리가 어쩌면 인간과 그의 행동, 그리고 그에게 주입되는 다양한 사상들에 대한 반응을 이해할 수 있는 열쇠를 가지고 있다고 제안하는 것이다. 이것은 최소한 심리학의 과학적인 기초가 된다.

윌리엄 사강 박사의 관심사는, 어떤 자극들이 정신에 가해질 때 정신의 메카니즘에 미치는 그 영향은 무엇인가 하는 것이다.

지난 2차 대전 초기에 그는 현직 정신과 의사로서, 던커크 철수와 런던 폭격의 결과로, 혹은 어떤 경우에는 전쟁터에서의 극심하게 고통스러운 경험의 결과로 정신적, 심리적으로 곤란을 겪게 된 많은 환자들을 다루어야 했다. 거기서 그와 동료들은 그러한 경험으로 인해 정신적인 붕괴 상태에 빠진 일부 사람들은 다음과 같은 특별한 방법에 의해서 도움을 받을 수 있고 치료될 수도 있다는 것을 발견했다.

어떤 약물들이 이 환자들의 혈관에 주입되었는데, 이것들은 일종의 최면 상태는 유발시키는 것들이었다. 그런 다음 약효가 지속되는 동안 그들은 환자에게 그 정신적인 붕괴를 초래한 사

> **개들도 인간과 마찬가지로 그 기질이 매우 다양하며,
> 개들에게도 사람들과 마찬가지로 4가지 타입의 기질이 있다.**

건을 상기시켰다(아니, 상기하는 것을 도와주었다는 것이 보다 정확한 표현일것이다). 예를 들어, 그들은 환자의 정신에 공습의 기억이나 던커크에서 철수하고 있었을 때의 경험, 또는 탱크 안에서 겪었던 일이나, 혹은 무엇이든지 정신에 위험이 되었던 때의 상황을 상기시켰다. 그들은 현장에서와 똑같은 공포의 경험을 가지며 원래 일어났던 것처럼 놀라고 흥분하게 될 때까지 그 모든 것들을 생생하게 상기시켰다. 그들은 환자가 극단적으로 흥분할 때까지 그 일을 계속했다. 그리고 정점에 이르렀을 때 그 과정을 멈추었다. 그들은 이 실험적인 방법으로 과거의 경험을 재현하는 그 방법이 매우 드물게 치료효과를 얻는다는 것을 발견했다.

사강 박사와 다른 사람들은 그러한 일들을 많이 하고 있었다. 그들은 때때로 환자를 약물의 영향 아래 둠으로써 가상적인 견디기 어려운 경험을 유발시킬 수도 있다는 것을 발견했다.

그는 탱크 부대에 소속되었던 한 사람의 예를 들고 있는데, 그

사람은 엄밀히 말해서 그렇게 큰 두려운 경험을 가지고 있지는 않았다. 다만 그것이 신경 쇠약으로 발전하지 않을까 하고 걱정하고 있었다.

의사진은 다음과 같은 방법으로 그의 그런 상태를 치유할 수 있다는 것을 발견했다.

먼저 그들은 그를 약물에 의한 최면 상태에 빠지게 한 다음, 그가 탱크 안에 있는데 불길에 휩싸여 빨리 탈출하지 않으면 불에 타 죽게 될 그런 상황을 매우 생생하게 제시했다.

그 사람은 공포스러운 경험을 겪게 되고, 그것은 너무나 끔찍해서 그를 정신적인 붕괴 상태에 빠지게도 할 수 있는 그런 것이었다. 그러나 회복되는 과정에서 그가 가끔씩 안정되고 평온을 되찾아 정상적인 사람으로 치유되어 온전하게 되는 것을 발견했다.

사강 박사는 동료들과 그러한 실험을 하고 있는 동안 우연히 만난 어느 미국 의료 공무원으로부터 파블로프의 실험에 관한 보고서를 읽은 적이 있느냐는 질문을 받게 되었다고 진술한다

> 그는 설교를 통해 청중을 일시적으로 감정적인 붕괴 상태로
> 이끌어 가곤 했다. 그의 설교 속에서 불타는 지옥에 대한 생생한 묘사는
> 우리가 병자를 치료하기 위해 암시했던 것과 너무도 비슷했다. 〞

(러시아어로 된 그 책은 1941에야 영어로 번역되었다).

　그는 그 책을 읽은 적이 없었다. 그러나 그 책을 읽은 즉시, 그는 이것이 자신과 자신의 동료들이 약물에 의한 방법으로 발견한 '관념 유도법'(abreaction)*의 현상과 정확히 일치하는 것이라고 별론을 내렸다.

　사강 박사가 그의 책「정신 세계의 전쟁」을 쓰지 않을 수 없도록 한 요인이 한 가지 더 남아 있다.

　감리교 신자인 사강 박사는 어느 날 아버지의 집에 갔다가 우연히 서재를 살펴보게 되었다. 그는 거기서 웨슬레의「일기」(Journal) 한 권을 발견했다. 그는 다른 생각 없이 그 책을 뽑아들고서 아무데나 펼쳤는데 즉시 거기에 흥미를 느끼게 되었다.

주(註)

'관념유도법'(abreaction) 이란 정신분석학에서 사용되는 용어로서, 생생한 형태의 상상 속에서 감정적인 억압에 직면하여 원래의 경험을 경감시킴으로써 그 감정적인 억압을 제거하는 것을 말한다.

그는 이렇게 기록하고 있다.

"감정적인 흥분과 거의 동일한 상태에 대한 사건의 보고가 200년 전에도 일어났었다는 것이 내 눈길을 끌었다."

그것은 그가 자신의 의료 행위를 통해 발견한 것들, 그리고 파블로프에 의해 보고된 것들과 동일한 상태라는 것이다.

"그는 가끔 일시적으로 감정적인 붕괴 상태로 이끌어가기도 하는데, 그가 특별한 설교로써 청중에게 유발시키는 현상이 바로 그것이었다. 이러한 현상들은 그가 청중에게 말하는 천벌과 영혼을 구원하는 종교적인 견해 사이에서 당장 한 가지 선택을 해야 한다고 설득할 때 나타나곤 한다. 그의 설교에서의 불타는 지옥에 대한 생생한 묘사는, 우리가 귀환한 병사의 치료를 위하여, 그가 불타는 탱크 안에 잇으며 살아남기 위해서는 전력을 다해서 탈출해야 한다고 암시하는 것과 비교될 만한 것이었다.

그 두 가지 기교는 놀랄만큼 비슷했다.”

이런한 보고들은 사강 박사의 마음 속에 서로 비교할 만한 것들로 함께 모아졌고, 그에게는 이것들이 모두 같은 종류인 것으로 보였다. 그래서 그는 우리가 이 책에서 살표본 것과 같은 사상을 발전시키기 시작했다.

그가 보여 주고자 하는 것은 다음과 같은 것이다. 그 자신의 말을 직접 살펴보자.

“내가 약물 요법을 통한 관념 유도법으로 얻었던 결과들 중 많은 것들이 웨슬레와 다른 종교 지도자들에 의해 얻어진 결과 뿐 아니라 오늘날의 ‘세뇌자’들에 의해 얻어지고 있는 결과들과 본질적으로 동일한 것이다.”

그의 글을 조금 더 인용해 보겠다. 그는 다음과 같이 기록했다.

"다음 장들에서는 위에서 시행한 일반적인 관찰에 대한 증거가 제시될 것이다. 근본적으로, 이 책이 윤리적이거나 정치적인 체제에 관한 것이 아니라는 것이 강조되어야 한다. 이책의 목적은, 믿음이라는 것이 선한 것이든 악한 것이든, 거짓된 것이든 진실한 것이든, 어떻게 인간의 두뇌에 강제적으로 이식될 수 있는가 하는 것과, 그리고 사람들이 어떻게 이전에 가지고 있던 믿음과 전적으로 반대되는 믿음으로 옮겨갈 수 있는가 하는 것을 보이고자 하는 것이다."

이것이 바로 그의 관심사이다. 그는 다음과 같이 말했다.

"도달된 결론은 회심에는 단순한 심리학적 메타니즘이 있다는 것과, 그래서 우리는 지금까지는 심리학이나 형이상학의 분야로 간주되어 온 문제들에 대한 두뇌의 기능을 연구함으로써 아직도 배워야 할 것들이 많이 있다는 것이다. 인간의 정신에 대한 정치적-종교적 투쟁에서 두뇌의 정상적으니 기능과 비정

상적인 기능에 가장 정통한 사람과, 습득된 지식을 사용할 준비
가 가장 잘되어 있는 사람이 승리하게 될 것이다."

II. 논제의 고찰

사강 박사의 논제를 논평함에 있어서, 먼저 일반적인 몇 가지 비판을 한 다음 그가 제시한 논제의 보다 상세한 부분을 고찰하도록 하겠다.

우선 영역, 즉 의학적인 견지에서 볼 때에는 사강 박사가 말하는 것을 우리가 인정해야 하는 것처럼 보일 것이다. 사강의 경우와 이 분야에 있어서 다른 유사한 종사자들의 활동에 의한 발견들은 분명한 사실이며, 우리가 그것들을 가지고 논쟁하려는 것은 아니다. 우리는 이 주제에 관해 신문이나 책들을 통해 읽거나 혹은 자신들의 경험을 기록한 사람들로부터 들어서 "세뇌"라고 알려진 이 절차가 이미 행해지고 있다는 것을 알고 있다.

이 세뇌는 파시스트들과 공산주의자들에 의해 성공적으로 자행되어 왔다. 이러한 지속적인 "정신의 겁탈"(어떤 사람들은 암시를 가지고 정신을 지속적으로 폭격한 결과라는 의미로 그렇게 부른다)의 결과로 그러한 일들이 일어날 수 있으리라는 데에는 의문의 여지가 없다.

우리는 전혀 그렇지 않을 것 같은 사람들이 법정에서 죄수나 증인으로 출두해서 그들이 극악무도한 거짓말을 했거나 혹은 국가를 대적하는 일을 했다고 증언하는 것을 종종 보게 된다. 그들 중 적어도 일부는 능력과 지성과 위엄을 갖춘 사람들이다.

그들에게 위에서 서술한 그런 절차를 적용할 때, 즉 호의적인 환경 속에서 그들의 정신에 대해 지속적으로 폭력을 가할 때 그들로 하여금 파블로프의 개처럼 전혀 엉뚱한 기억을 유발시키게 되는 것이다. 다시 말해서, 인간의 두뇌는 사강 박사가 제시하는 것과 같은 방법에 의해 영향을 받을 수 없다고 말하는 것은 무책임한 노릇인 것이다.

그러나 제기되는 근본적인 질문은 다음과 같은 것이다. 이렇

게 예외적인 환경 속에서 발생하는 이러한 현상들이 과연 일상
적이고 정상적인 환경 속에서 일어나는 회심이 무엇인가에 대
한 진정한 설명이 될 수 있는가?

일반적인 비판

이제 확실한 관찰과 비판을 해야 할 시점에 이르렀다.

나의 첫 번째 일반적인 비판은 다음과 같은 질문이다. 동물과
인간을 똑같이 비교하는 것이 과연 합당한 것인가?
내가 보기에 사강 박사는 동물과 인간 사이의 본질적인 차이
를 인정하지 않는 것 같다. 예를 들어, 그는 인간이 가지고 있는
이성과 비판력을 전혀 인정하지 않고 있는 것 같다. 우리는 인
간의 자기 분석, 자기 성찰, 자기 비판 등의 능력을 고려하지 않
아야 한다는 말인가?

비록 그가 인간은 개가 아니라는 것을 인정한다 하더라도, 그가 말하고 있는 것은 그들의 두뇌 기능이 인간의 것과 같은 방식이며, 또한 당신이 어떤 사람을 다룰 때 사실은 당신이 마치 동물을 다루는 것과 같은 지위에 있다는 것을 제안하고 있는 것이다.

이것에 대한 나의 대답은, 우리의 상황은 매우 극단적인 경우나, 혹은 공습이나 지속적인 집중 사격이 자행되는 전쟁과 같은 예외적인 상황, 혹은 많은 시민들이 로케트 포탄에 대해 가지고 있는 것과 같은 공포의 경험에 한해서 개의 상황과 비교될 수 있으리라는 것이다. 다시 말해서, 그러한 비교는 인간과 개를 본질적으로 구분해 주는 것들이 전혀 제 구실을 할 수 없게 되었을 때, 그리고 인간이 이러한 끔찍한 스트레스 때문에 동물의 수준으로 한 동안 떨어져 있을 때에만 타당하다고 할 수 있는 것이다.

여기서 나는 사강 박사가 인용한 앨더스 헉슬리(Aldous Huxley)의 의견에 동의한다. 헉슬리는 이렇게 기록했다.

"한편 우리가 확실하게 예상할 수 있는 것은, 만약 큰 북소리와 노래 소리에 충분히 노출된다면 우리 같은 철학자들이라도 결국에는 그 원시인들과 함께 깡충깡충 뛰어다니며 울부짖게 되리라는 것이다."

그 말에 전적으로 동의하는 바이다. 오직 성령의 능력만이 그것을 방지하실 수 있다.

그러한 요점은, 이런 상황(이러한 다양한 비정상적인 자극에 의한 정신에 대한 폭력)에 처하게 된 결과로서 철학자, 대학 교수, 혹은 능력 있는 실무자를 전혀 무기력한 사람으로 만드는 요인이 무엇인가 하는 것이다. 그는 비정상적인 상태에 처하게 되었다는 것을 이유로 제시하고 있다. 그러한 견해는 내가 보기에 사강 박사의 논제의 많은 부분을 쓸모없는 것으로 만드는 것처럼 생각된다.

두 번째 일반적인 비판은 다음과 같다. 내가 보기에 사강 박사

> **"** 인간이 갈채를 받는 모든 고상한 행위는
> 단지 어떤 주어진 시점에서 주어진 자극에 대한 반응,
> 다시 말해 조건반사일 뿐이다. **"**

는 너무 많은 증명을 함으로써 오히려 자신의 덫에 걸리고 있는 것 같다.

그의 책은 단지 종교적인 회심이나 정치적인 회심만을 다루는 것이 아니라 모든 것을 설명하려고 하는 것 같다. 그의 논제는 만약 우리가 그것을 그대로 수용한다면 영웅주의나 자기희생의 위대한 행동을 설명하는데 사용할 수도 있을 것이다. 이 가설에 의하면, 그것들은 단지 조건 반사일 뿐으로 인간이 갈채를 받게 되는 모든 고상한 행위는 단지 어떤 주어진 시점에서 주어진 자극에 대한 반응일 뿐이라는 것이다.

최종적인 분석을 통해 보건대, 사강 박사는 어떤 것에 대해서든 진정한 정신적 확신 같은 것은 아무것도 없다고 하는 데까지 나아가는 것처럼 보인다. 우리는 언제나 한 가지 사건을 믿게 되거나 혹은 다른 것을 거부함으로써, 단순히 생리학적 과정을 드러내고 있다는 것이다.

이해를 돕기 위해 사강 박사 자신의 말을 다시 한번 인용해 보자. 그는 그 책에서 "예를 들어 존 웨슬레와 찰스 웨슬레 형제

의 회심은 모라비안 선교사 피터 뵐러의 예비적인 '누그러뜨림'에 의해 촉진되었다. 존의 마음이 알더스게이트 스트리트에서 만난 작은 종교적인 집단 안에서 '뜨거워진' 것은 피터 뵐러가 그 나라를 떠난 후 였던 것이다"라고 쓰고 있다(pp. 221, 222).

여기서 "누그러뜨림"이라는 표현에 주의하기 바란다. 다시 말해서 피터 뵐러는 존 웨슬레와 찰스 웨슬레에게 각각 성경을 해설하고 있었는데, 실제로 일어나고 있었던 것은 파블로프가 개의 다리에 주었던 전기적 자극에 비교될 수 있는 '누그러뜨림'의 과정이었다는 것이다.

그래서 나는 어떤 교훈이라도 단지 '누그러뜨림'의 과정에 불과한 것이며, 모든 것은 생리학적인 것이라고 하기 위하여 그가 너무 많은 증명을 하고 있다고 말한 것이다.

결국 우리가 도달하게 되는 결론은, 우리의 어떤 지적 확신이나 이해할 수 있는 모든 것에 대한 그 믿음의 근거들을 사강 박사가 이 논제를 이용해서 빼앗아가는 것처럼 보인다는 것이다.

> 인간의 두뇌는 정신에 대한 지속적인 폭격에 의해 영향을 받는다는 것은
> 분명한 사실이다. 그러나 예외적인 현상 속에서 발생되는 이런 현상들이
> 일상적이고 정상적인 환경 속에서 일어나는 회심이 무엇인가에 대한
> 진정한 설명이 될 수 있는가?

그러나 공정을 기하기 위하여, 우리는 그가 정말로 하고 있는 모든 것은 우리의 두뇌가 어떻게 어떤 지점에 이르기까지 작용하는가 하는 것과, 인간의 두뇌 작용은 그것이 종교에 적용될 때나 철학에 적용될 때나, 혹은 정치나 다른 어떤 것에 적용될 때라도 언제나 동일하다는 것을 보이려는 것임을 지적할 수 있을 것이다.

그래서 우리가 마지막 분석에서 이 결과를 얻게 되기만 한다면, 우리는 특정한 조건 아래서의 두뇌 작용이 어떤 지점에 이르는 것을 보여 주려는 의도에서 증거가 산출된다고 말할 수 있을 것이다.

그러므로 우리는 또한 두뇌에 제시되는 것들이 참된 것인가 거짓된 것인가 하는 것을 특히 강조해야 한다. 다시 말해서 사강 박사의 책은 "이 책에는 종교적인 적용이 전혀 없다. 저자는 단지 두뇌가 언제나 어떻게 작용하는가 하는 것을 보여 주고 있을 뿐이다"라고 선언함으로써 일반적으로 기독교적 관점으로

부터 완전히 기각될 수 있다.

그렇게 함으로써 우리에게는 다음과 같은 질문이 남게 된다.

"우리는 기독교가 참된 것인지 거짓된 것인지를 어떻게 결정할 수 있는가?"

이 책은 어떤 철학적, 또는 정치적 교훈 등을 다룬 것이 아니다. 그는 단지 기독교에 대한 비판을 위해 이 책을 쓴 것에 지나지 않는다.

오순절의 의미

이제 사강 박사의 논제를 좀더 상세하게 비판하고 종교적 관점에서 대답해야 할 시점에 와 있는 것 같다.

앞에서 말한 대로, 그는 웨슬레와 감리교에 특별한 관심을 표명함으로써 종교를 다루고 있다(내가 이 사실을 다루는 것은 그 자신이 바로 감리교 신자이기 때문이다).

또 앞에서 말한 바와 같이, 그는 그가 "지적인 형태의 회심"이라고 부르는 것을 다루고 있는 것이 아니라, 특별히 오래 전에 존 웨슬레의 사역 안에서 발생한 것과 같은 사건들을 다루고 있다는 것을 인정한다.

그는 또한 미국에서 발생한 몇몇 별난 이단 종파들과 종교적인 운동-뱀을 껴안거나 하는 등의 운동-들과, 그가 연구해 온 여러 가지 광적 행동들과 황홀경의 종교적 운동들을 기술하고 있다.

그러나 그는 거기에 국한하지 않고, 성경에 기술된 것으로서 그것과 유사한 현상으로 생각되는 것들을 다루고 있다.

사강 박사는 오순절에 일어났던 일을 언급한다. 여기서 중요한 것은 그가 오로지 삼천 명의 회심에만 관심을 가지고 있다는 것이다. 그가 말하고 있는 것이 어떤 것인가를 알기 위해서도 나는 그의 글을 인용하지 않을 수 없다(pp. 102-104에서 인용).

그는 이렇게 말한다.

회심 심리적인 것인가? 영적인 것인가?

"사도행전(2장)에 나타나는 오순절의 베드로의 설교에 관한 설명 역시 이 장에서 논의되고 있는 종교적 방법의 효과를 강조하고 있다. 사도들과, 감람산에서 예수와 작별한 후에도 충실하게 남아 있던 다른 신자들의 매우 작은 그룹에 삼천 명 이상이나 되는 회심자들이 더해졌다."

이렇게 말한 후에 그는 이 사도들이 다른 방언들로 말할 수 있게 된 것을 사람들이 어떻게 들었으며 군중이 어떻게 함께 모이게 되었는지를 보이기 위해 2장의 처음 몇 절을 인용한 다음 계속해서 이렇게 말한다.

"그런 다음 베드로가 일어나서 설교를 하기 시작한다. 그는 방언이라는 낯선 은사의 소식에 의해 이미 반쯤 넋을 잃은 사람들에게 또 다른 긴장감을 더해 주고 있다. 매우 힘있는 연설에서 그는 그들이 지금 선지자들에 의해서 오랫동안 예언되어 온 것을 목격하고 있다고 발표한다. 그는 선지자 요엘을 인용한다."

베드로의 구약 인용을 기록한 다음 사강 박사는 계속해서 말한다.

"그런 다음 그는 겁에 질린 채 흥분해 있는 그의 청중에게 감정의 천둥을 던진다. 그는 그들에게, 나사렛 예수는 '큰 권능과 기사와 표적으로 너희 가운데서 하나님이 증거하신 사람'으로서, 대제사장들이 그를 로마 사람들에게 넘겨 주어 십자가에 달려 사악한 손에 의해 죽임을 당하게 했다고 말한다. 그는 그들로 하여금, 그 예수는 또한 바로 너희가 대제사장들로 하여금 로마의 앞잡이들에게 넘겨 주어 십자가에 못박게 했으나 하나님께서 죽은 자 가운데서 다시 살리신 이로 이해하도록 만든다. 그는 집단적인 반항을 유발시키지 않으면서도 그들이 유월절을 준비해 왔으며 간접적인 살인자들이 되었다고 주장한다."

여기서 사강 박사는 베드로의 말을 인용하고 덧붙인다.

"베드로의 청중은 이제 '방언의 은사'는 종말에 대한 예언대로 십자가 사건이 일어났을 때 엘람으로부터 불어오는 두려운 먼지 폭풍과 함께 해를 어둡게 하시고 달을 핏빛으로 바꾸신 하나님으로부터의 표적이라고 믿게 되었다. 이제 그들은 그 희생자가 땅에 내려오신 하나님의 대리자였으며 그들은 그의 죽음에 대한 죄로부터 도망칠 수 없다고 확신한다. 따라서 어떻게 해서 '저희가 이 말을 듣고 마음에 찔려 베드로와 다른 사도들에게 물어 가로되 형제들아 우리가 어찌할꼬'라고 했는지를 이해하는 것은 그리 어려운 일이 아니다."

사강 박사는 베드로가 청중에게 한 말을 인용하면서, 어떻게 삼천명이나 되는 사람들이 회심하게 되었는지를 설명한다. 그는 "이제 새로운 신념과 습관이 그 회심자들에게 이미 강요된 것으로 보인다"라고 덧붙인다.

다시 말해서, 이 엄청난 자극은 일종의 정신적인 붕괴 상태를 초래했고, 군중은 파블로프가 발견했던 상태, 즉 개들이 새로운 제안과 사상을 받아들일 준비가 거의 되어 있는 바로 그 상태에 있었다는 것이다. 그래서 오순절의 설교에서 베드로의 '충격 작전'은 비교적 손쉽게 군중에게 교리를 주입할 수 있을 만큼 대성공을 거두었다는 것이다.

이것이 바로 사강 박사가 사도행전으로부터 실례를 들었던 경우이다. 그러나 가장 우리의 관심을 끄는 점은, 사강 박사는 이 사건 이전에 사도 자신들에게 무슨 일이 일어났었는지를, 즉 이미 그들 자신 안에서 일어난 완전한 변화를 전혀 고려하지 않고 있다는 사실이다. 그는 그것을 다루지 않을 뿐 아니라 언급조차 하지 않는다!

특히, 그는 베드로로 하여금 그런 방법으로 설교할 수 있게 한 것이 무엇이었는지를 고려하지 않는다. 그가 사도들이 가지고 있었던 방언의 은사에 관한 보고로 시작하는 것은 아무런 소용이 없다. 문제가 되는 것은 그 방언의 은사가 어디로부터 온 것이냐 하는 것이다. 그는 그것을 다루려고 하지 않는다.

그는 단지 베드로의 설교로 시작하며, 그 이야기 전체에서 가장 의미 심장한 부분은 언급도 하지 않고 있는 것이다.

그러나 우리는 어떻게 그 사도들이 방언으로 말할 수 있는 능력을 받게 되었는지를 물어야 한다. 사강 박사는 그들 가운데 일어났던 변화를 어떻게 설명하는가? 군중의 경우에 자명한 것으로 그가 간주하는 그런 자극이 사도들에게 나타나지 않은 것 같다. 아무도 그들에게 와서 그토록 생생하게 설교한 적이 없었으며, 그러한 기록은 아무 데도 없다.

만약 우리가 우리의 자료를 성경에서 취하려 한다면, 유일한 설명은 역사적인 상술(詳述), 즉 복음서들에 기록된 사실들로부터 발견되어야 한다. 나에게는 그것이 정말 중요한 문제이며, 사강 박사는 자신의 이론을 위하여 그것을 전적으로 회피하고 있다.

사도 바울의 회심

더 나아가 사강 박사가 사도 바울의 회심을 어떻게 생각하고
있는지 살펴보자. 그는 그것을 다음과 같이 기술한다.(pp. 104-
106)

"다메섹 도상에서의 사울의 경우는 분노야말로 이전에 가지
고 있던 믿음과 정반대되는 믿음으로의 갑작스러운 회심을 가
져오는 데 있어서 두려움보다 강력한 감정이라는 우리의 다른
발견들을 확증해 준다."

사도행전 9장의 기록을 그대로 인용한 후의 그의 첫 번째 논
평은 다음과 같다.

"한계를 넘는 억제 상태는 신경이 흥분된 날카로운 상태 뒤에
따라오는 것 같다."

저자가 의미하고자 하는 것은, 파블로프가 그의 실험에서 개에게 전기적인 자극을 주었을 때 처음에는 매우 동요하다가 다음에는 극도로 흥분하고, 마침내 그 자극이 점점 강해지면 그 개는 어느 시점에서 그만 붕괴되어 버린다는 것을 발견했다는 것이다. 그것이 바로 그가 "한계를 넘는 억제 상태"라는 말로 의미하고 있는 내용이다.

그 시점에서 그 개는 무감각해지는 것처럼 보인다. 완전한 붕괴가 발생했고, 그 결과 그 개는 언제나 그랬던 것처럼 이 너무나 큰 자극에 대항하여 자신을 보호하고 있었다. 그리고 그 개가 최면에 걸리기 쉽게 되는 것은 바로 그 단계에서이다.

그래서 사강 박사는 "바울의 경우 완전한 붕괴, 환각, 그리고 최면에 걸릴 수 있는 상태가 잇따라 일어나게 되었으며, 또 다른 광적인 흥분의 표현도 발견되고 있다"고 계속해서 말한다.

그럼 다음 그는 성경의 다음 구절을 인용한다.

"사울이 땅에서 일어나 눈은 떴으나 아무것도 보지 못하고

" 금식으로 인해 육체가 쇠약해진 이 기간은 사울에게 다른 스트레스를 주어,
그가 최면에 걸릴 수 있는 가능성을 증가시켰다. "

사람의 손에 끌려 다메섹으로 들어가서 사흘 동안을 보지 못하
고 식음을 전폐하니라"(행 9:8-9).

사강 박사는 이렇게 논평한다.

"금식으로 인해 육체가 쇠약해진 이 기간은 사울에게 다른 스
트레스를 주어, 그가 최면에 걸릴 수 있는 가능성을 증가시켰다.
겨우 3일 후에 형제 아나니아가 와서 그의 신경적인 증상과 정
신적인 고통에서 구조함과 동시에 새로운 믿음을 심어 주었다."

사도행전 9장에서 몇 구절을 더 인용한 다음 사강 박사는 계
속해서 말한다.

"그런 다음 다메섹에 있는 형제들에 의해 사울에게 교리가 주
입된다. 그리고 그들이 그에게 요구하는 새로운 모든 믿음들을
그가 완전히 받아들이는데 필요한 기간이 이어진다."

우리는 이 모든 것들에 대해 무슨 말을 해야 하는가?

첫 번째로 해야 할 논평은, 여기서 사강 박사는 엄청난 자가당착의 잘못을 범하고 있다는 사실이다. 그의 책 10장에서 그는 이렇게 말하고 있다.

"회심을 방지하는 한 가지 방법은 어떤 신조나 삶의 방식을 불타는 마음과 전심으로 믿는 것이다."

그러나 만약 누군가가 '불타는 마음과 전심으로 믿는 믿음'을 가지고 있었다면, 그것은 누구보다도 다소의 사울일 것이다! 사강 박사는 229페이지에서 그것은 '회심을 방지하는 방법'이라고 말한다. 그러나 105, 106페이지에서는, 바로 이러한 것들이 회심하는데 필수적인 것으로 보이는 조건들이라고 말하고 있는 것이다. 그는 내친 김에 그렇게까지 말하고 있는 것이다!

그러나 보다 심각하고 중요하게 보이는 것은, 그가 그 자신의 논제를 전개함에 있어서 사도 바울의 경우에서 엄청난 자극

" 회심을 방지하는 한 가지 방법은, 어떤 신조나 삶의 방식을
불타는 마음과 전심으로 믿는 것이다.
그러나 그 불타는 마음과 전심으로 믿는 믿음을 가진 사람은
누구보다도 다소의 사울일 것이다. "

과 최면에 걸릴 수 있는 가능성이 증가하도록 인도한 것이 과연
무엇이었는가를 보여 주지 않고 있다는 것이다. 그 정신에 대한
자극, 혹은 습격이 어떤 성격의 것이었는지에 대한 아무런 언급
이 없다.

바울은 대규모 부흥 집회에 참석한 것도 아니고 어떠한 설교
에도 귀를 기울이지 않았다. 그는 단지 그리스도인들을 체포하
기 위하여 예루살렘으로 여행을 떠났다. 그는 또한 전심으로 믿
는 믿음의 열정으로 불타고 있었다. 독자들은 그 사실들을 신약
에 기록된 대로 기억할 것이다.

내가 보기에 사강 박사는, 그러한 경우에 대해 그 자신의 이론
이 절실하게 자극을 요구하는데도 불구하고 그 자극이 어떤 것
이었는지에 관해 전혀 우리에게 말하지 않고 있다.

그뿐만이 아니다. 그는 바울에게 맨 처음 나아간 사람이 왜 아
나니아였는지에 대해서도 말하지 않고 있는데, 그것 역시 대단
히 중요한 문제이다. 왜 아나니아가 바울에게 나아갔는가? 그를
보내신 것은 주님이셨다고 아나니아 자신이 말하고 있다. 물론

사강 박사의 제안은 그것은 단지 교리 주입 과정의 한 부분이었다는 것이다.

그러면 이 저자, 즉 사강 박사가 매우 구체적으로 단언하기 위하여 어떻게 말하고 있는지 보기로 하자.

"그런 다음 다메섹에 있는 형제들에 의해 사울에게 교리가 주입되는데 필요한 기간이 이어진다."

그는 이미 아나니아가 바울이 '새로운 믿음을 심는'데 가장 도움이 되는 상태에 있는 것을 발견했다고 진술했다. 더 나아가, 사도 바울은 아나니아로부터 받은 교훈에다 다메섹에 있는 제자들로부터 받은 교훈의 결과로 그가 행한 일을 믿고 가르치기 시작했다는 것이다.

이것은 정말 심각한 문제이다. 그것은 사도 바울 자신이 갈라디아서 1장 11, 12절에서 "형제들아 내가 너희에게 알게 하노니 내가 전한 복음이 사람의 뜻을 따라 된 것이 아니라 이는 내가 사람에게서 받은 것도 아니요 배운 것도 아니요 오직 예수 그리스도의 계시로 말미암은 것이라"라고 우리에게 말해 주는 것을 전면적으로 부정하는 것이기 때문이다. 다시 말해서, 사강 박사는 자신의 이론을 위하여 그가 인용하고 있는 문서 안에 있는 세부적인 사실들을 간과해야만 하는 것이다.

그러나 이것들은 바울의 소명과 사도로서의 그의 사역과의 관계에서 가장 중요한 사실이다. 그는 다메섹 도상에서 그의 맨 눈으로 부활하신 주님을 본 결과로 완전히 변화되었고 탁월한 사도가 되었다.

사강 박사는, 성경에서 기적적이고 초자연적인 것은 무엇이나 에누리해서 생각하는 그의 관행대로 이 사실 역시 완전히 무시한다. 반면에 만약 당신이 신약의 이야기들을 있는 그대로 받아들인다면, 그것은 사도 바울에게 일어났던 모든 것을 아주 똑바로 설명해 줄 것이다.

주 예수 그리스도의 부활과 부활 후에 사람들에게 나타나심

은 기독교 신앙과 복음에 있어서 지극히 중요하다. 그것과 분리
해서 기독교를 설명하거나 이해할 수는 없다. 만약 그리스도께
서 성경의 기록과는 달리 그의 몸이 무덤에서 다시 살아나지 않
으셨다면 기독교가 어떻게 존재할 수 있게 되었겠는가? 그것은
우리의 신앙의 핵심을 차지하고 있는 부분이다.

　기독교는 철학이나 혹은 단순한 윤리적인 가르침이 아니다.
그것은 확실하고 위대한 역사적 사건들과 사실들에 근거한 믿
음이며, 만약 우리의 종교적인 경험이 이것들에 근거하지 않는
다면 기독교는 진정한 기독교가 아니다.

　이러한 사실들을 사강 박사는 은연중에 전적으로 부인다.
그러나 신약의 기록들은 사도 바울의 경우뿐만 아니라 다른 사
도들의 경우에 일어났던 일들에 대한 충분한 설명을 제공한다.

　사도들은 사방으로 퍼져 '예수와 복음'을 전파하고 가르쳤다.
그들은 단지 어떤 경험을 전파하거나 혹은 단순히 사람들에게
어떤 형태의 삶을 살도록 권유한 것이 아니었다.

그들은 사실을 전파했다. 그들은 좋은 소식을 전하는 자들이었으며, 그들의 가르침은 분명히 일어났던 확실한 중대하고 결정적인 사건들에 대해서 사람들에게 말하는 것이었다. 이 모든 것은 사도 바울에 의해서 고린도전서 15장 1-8절에 매우 명확하게 진술되어 있다.

"형제들아 내가 너희에게 전한 복음을 너희로 알게 하노니 이는 너희가 받은 것이요 또 그 가운데 선 것이라 너희가 만일 나의 전한 그 말을 굳게 지키고 헛되이 믿지 아니하였으면 이로 말미암아 구원을 얻으리라 내가 받은 것을 먼저 너희에게 전하였노니 이는 성경대로 그리스도께서 우리 죄를 위하여 죽으시고 장사 지낸바 되었다가 성경대로 사흘만에 다시 살아나사 게바에게 보이시고 후에 열 두 제자에게와 그 후에 오백여 형제에게 일시에 보이셨나니 그 중에 지금까지 태반이나 살아 있고 어떤이는 잠들었으며 그 후에 야고보에게 보이셨으며 그 후에 모든 사도에게와 맨 나중에 만삭되지 못하여 난 자 같은 내게도

회심 심리적인 것인가? 영적인 것인가?

보이셨느니라."

바울은 계속해서 분명히 말하기를, 만약 이 부활이 사실이 아니라면 기독교 복음이라는 것은 있을 수 없으며 사람들이 가지고 있는 어떤 경험도 다 가짜고 아무 가치 없는 것이 될 것이라고 했다. 그러나 그 모든 것은 사강 박사에 의해 철저하게 무시되고 있다.

존 웨슬레의 회심

이제 세 번째 상세한 비판을 할 차례가 되었다. 존 웨슬레의 영적인 경험에 대한 사강 박사의 이해에 관한 것이다. 여기서 다시 그는 모든 것을 자신의 이론의 선상에서 설명하려 한다.

그러나 문제는 이것이 일어날 수 있는가 하는 것이다. 먼저 존 웨슬레의 회심을 살펴보기로 하자. 이 사건은 사강 박사가 가

> 그러면 존 웨슬레의 회심도 흥분한 군중들 사이에서 일어났는가? 아니다.
> 오히려 그것은 작은 모임에서 조용한 예배를 드리는 중에 일어났다.
> 심지어 그때는 설교하는 사람도 없었다.

정하고 있는 상황과 거의 정확하게 정반대되는 상황에서 발생한 것처럼 보인다. 존 웨슬레는 흥분한 군중 속에서 회심한 것이 아니었다. 오히려 그것은 작은 모임에서 조용히 예배를 드리는 중에 일어났다. 심지어는 설교하는 사람도 없었다. 한 사람이 루터의 「로마서 주석」의 서문을 읽고 있을 때 이 극도로 중요한 경험이 그에게 다가왔던 것이다.

사강 박사가 가정하는 일련의 상황, 특히 파블로프의 개에 대한 실험과 전기적 자극은 상상조차 할 수 없다. 더욱이 사강 박사는 이 경험의 결과로 웨슬레의 사역이 단번에 왜 그렇게 달라졌는지를 설명하지 않는다.

나는 지금 메시지 자체를 말하는 것이 아니라, 왜 웨슬레의 사역이 갑자기 그렇게 효과 있게 되었는가 하는 것을 말하고 있는 것이다. 그러나 이것은 확실히 그 자료의 매우 중요한 부분이다.

나는 또한 사강 박사가 웨슬레의 경우를 다루는 데 있어서의 몇 가지 다른 부정확성을 지적하지 않을 수 없다.

그의 책 127페이지에서 그는 "사실 웨슬레는 4년 후에 그 자신의 캠페인을 시작하기 전에 어쩌면 에드워드의 보고서를 읽었는지도 모른다"고 말한다. 이것은 뉴잉글랜드의 부흥에 관한 조나단 에드워드의 보고서를 말한다.

　그러나 사강 박사의 이 시사는 순전히 가정에 지나지 않으며, 그것을 확증시킬 만한 아무런 증거가 없다. 또한 존 웨슬레는 그 "캠페인"을 시작하지 않았으며, 웨슬레를 캠페인을 계획하고 시작하는 사람으로 생각한다는 것은 우스꽝스러운 일이다. 존 웨슬레는 자신이 지금까지 해 왔던 것과 똑같이 계속해서 일했으며, 알더스게이트 스트리트에서의 모임에서 그에게 일어났던 일이 모든 변화를 가져왔던 것이다.

　이것은 어떤 사람이 갑자기 새로운 방법이나 새로운 기교를 채택해서 어떤 결과를 도출해 낸 경우가 아니라, 한 사람이 성령에 충만하여 그 결과로 그의 사역이 효과 있게 된 경우가 분명하다.

> **"** 성령의 영향력과 능력이 너무 커서, 때로 사람의 육체적인 체질이
> 능력과 영광 아래 붕괴되는 것은 놀라운 일이 아니다. **"**

「정신세계의 전쟁」130페이지에 보면 그와 비슷한 부정확성
이 또 나타난다.

"비록 존 웨슬레는 영국 전역에서 얻은 수천 명의 회심자들을
하나님의 손의 탓으로 돌리고 있기는 하지만, 그럼에도 불구하
고 가장 그렇지 않을 것은 사람인 그가 다음과 같이 말함으로써
가능한 추가적인 생리학적인 요인들에 요행수를 바라고 있었
다. '자신에게 숨겨진 죄가 있다는 것과 하나님의 진노, 그리고
영원한 죽음이라고 하는 쓰라린 고통을 강하고 생생하고 갑작
스럽게 깨닫게 된다는 것은 영혼뿐만 아니라 육체에도 영향을
끼쳐서, 육체의 활동에 필수적인 유합(癒合)의 법칙을 정지시키
고 정상적인 혈액 순환을 방해하며 성격을 변화시킨다는 것을
짐작하는 것은 결코 어려운 일이 아니다.' 다른 형태의 설교에
의해 얻어진 결과를 과학적으로 관찰함으로써, 웨슬레는 변화
하기 싫어하기로 소문난 영국으로 하여금 전통적인 종교적, 정
치적 행동 양식을 바꾸게 만드는데 도움을 받았다."

이것은 나에게 매우 특별하게 보인다! 나 자신이 존 웨슬레를 무척이나 찬양하는 사람이지만, 나는 그가 매우 과학적이었다거나 혹은 20세기의 관점으로 생각할 수 있는 능력을 가졌었다고는 생각하지 않는다! 사강 박사는 웨슬레가 말하고 있는 것을 오해하고 있는 것이 확실하다. 웨슬레는 단지 그가 설교하고 있는 동안에 일어났던 일을 설명하려는 것뿐이었다.

　웨슬레의 「일기」를 보면 그가 이러한 현상들에 의해 방해를 받고 있었다는 것을 알 수 있다. 그는 정말로 그것들을 염려했으며 그것들에 의해 곤란을 겪었다. 그는 거기서 성령의 영향력과 능력이 너무나 커서 때로는 사람의 육체적인 체질이 능력과 영광 아래 붕괴되는 것이 놀라운 일이 아니라는 것을 제시하고 설명하려는 것이다.

　웨슬레가 고요하고 과학적인 방법으로 어떤 원인들에 의한 어떤 결과들을 관찰하고 드 다음 똑같은 결과들을 산출하기 위해 신중히 기교를 개발했다고 말하는 것은 정말 어불성설이다.

> *세뇌나 종교적 회심의 희생자가 될 수 있는 가능성이 높은 사람은
> 단순하고 건강한 외향적인 사람들이다.*

사강 박사는 또한 웨슬레와 감리교도들의 사역 결과에 대한
논평에 있어서도 잘못 이해하고 있는 것 같다. 그의 책 219페이
지와 220페이지에서 그가 어떻게 자신의 견해를 밝히고 있는
지 보자.

"감리교의 부흥은 또한 19세기 초의 영국이 다른 대부분의
유럽 국가들에서 혁명을 초래한 사회적 조건들을 수용하도록
조건을 조성하는데 도움을 주었다. 웨슬레는 산업 혁명의 희생
자들인 군중들에게 지상에서의 비참한 삶보다는 다가올 세상
에서의 삶에 보다 큰 관심을 가지라고 가르쳤다. 그래서 그들은
이제 거의 어떤 것에 대해서도 견딜 수 있게 되었다."

18세기의 복음 대각성 운동이 프랑스 대혁명과 유사한 어떤
것으로부터 이 나라를 구했다고 믿는 역사가들의 견해에 우리가
동의한다면, 사강 박사가 76페이지에서 내친 김에 언급한 그 사
실에 충분한 강조를 하고 있지 않음을 지적하지 않을 수 없다.

사회학자들은 19세기의 노동 조합 운동의 발생과 발전, 그리고 자유 사상이 정치를 지배하게 된 것과 또한 19세기와 20세기에 이 나라를 휩쓴 민주주의 운동에 있어서, 가장 중요한 것은 아니라 할지라도 가장 유력한 요인들 중 하나는 18세기의 복음 대각성 운동이었다고 말하는데 동의한다.

　이 대각성 운동은 이 나라에서 개인과 대중의 지성에 대해 끼친 영향은 단일 자극으로서는 아마 가장 큰 것이었을 것이다. 이 운동은 평민들에게 읽고 배우려는 욕구를 촉발시켰다. 이 운동은 그들에게 인간과 인생의 존엄성을 일깨워 주었다. 이 운동은 그들의 눈을 뜨게 해서 그들에게 고통을 가하고 있는 억압을 볼 수 있게 해주었다. 이 운동은 나주에 '비국교 의식'으로 알려지게 된 정서의 근원으로 차차 간주되었는데, 사강 박사 자신도 위에서 인용한 문구의 두 단락 앞에서 그것을 인용하고 있다.

　존 웨슬레는 자신의 사역에 어떠한 종류의 기교도 도입하지 않은 사람이었다. 그것은 또한 조지 휘트필드와 18세기의 위대한 일을 하도록 하나님께서 들어 쓰신 다른 위대한 인물들에게 있어서도 마찬가지다. 그 반대의 사실을 제시하는 것은 교회사의 그 위대한 운동의 분위기와 정신에 전혀 맞지 않는 어떤 것을 도입해 오는 것과 같다.

신학적 접근의 필요

이제 몇 가지 일반적인 비판을 더 살펴보아야 할 단계에 왔다. 앞에서 이미 언급했다시피, 사강 박사가 가지고 있는 중심적인 문제는 우리의 신앙이 근거하고 있는 근본적인 사실들을 전적으로 무시하고 있다는 것이다.

기독교에 대한 그의 관점은, 그는 기독교를 단지 사람이 살아가는데 적용되어야 할 도덕적이고 윤리적인 가르침에 지나지 않는 것으로 보는 것 같다.

이런 비판을 하는 것은 공정하지 않을지 모르지만, 우리 주님

에 대한 사강 박사의 견해가 어떠하다고 꼭 집어 말하기란 매우
어려운 일이다. 그는 이 책에서 신학을 다루려고 하는 것이 아
니라고 주장할지 모르지만, 어느 누구도 신학적 질문을 제기할
필요성을 느끼지 않으면서 그런 말을 하 수는 없는 것이다. 어
떤 경우에든 이 모든 문제는 신학적으로 다루어져야만 한다. 이
책이 주장하고 있는 제안에 대한 대답은, 오순절, 사도 바울과
존 웨슬레 및 많은 사람들의 회심과 같은 사건들과 경험들의 설
명은 심리적인 것이 아니라 언제나, 그리고 필수적으로 신학적
인 것이라는 사실이다.

이제부터 내가 의미하고자 하는 것을 설명하도록 하겠다. 사
강 박사는 부활의 사실에 관해서는 아무 말도 하지 않고 있지
만, 부활은 확실히 신약의 기록에 있어서 가장 중심적인 사건이
다. 그가(그의 가설에서) 설명해야 하는 것은 어떤 근원으로부
터 부활이라는 '제안'이 사도들에게 왔는가 하는 것이다.

신약의 기록을 통해 우리는, 당시 그들은 모두 풀이 죽고 실망
하여 비참한 지경에 있었으며 우리 주님의 자신의 부활에 관한

가르침을 전혀 이해하지 못하고 있었다는 것을 알고 있다.

그들에게 일어난 현저한 변화를 충분히 설명할 수 있는 유일한 대답은, 우리 주님께서 무덤에서 육체로 부활하셔서 이 제자들에게 한번 이상 나타나신 것이 분명한 사실이라는 것이다. 우리가 그것을 사실로 그대로 받아들인다면 아무런 어려움이 없다. 그러나 만약 그것을 받아들이지 않는다면, 혹은 그것이 내포하고 있는 결정적인 중요성을 깨닫지 못한다면, 우리는 산더미 같은 어려움 가운데 남아있게 될 것이며, 아무것도 정말로 이해하는 것이 없게 될 것이다.

그것은 성령의 교리에 관한 질문에서도 똑같이 직면하게 되는 문제이다. 이것 역시 사강 박사는 전혀 다루지 않고 있다. 완전히 무시되고 있는 것이다.

그러나 나에게는 이 책의 경우에 대한 대답이 발견되는 곳이 바로 여기이다. 오순절 날에 일어났던 일은 구약에 이미 예언된 것이었다.

사도 베드로는 자신의 설교에서 선지자 요엘을 인용함으로써 이것을 분명히 하고 있다.

이사야서와 에스겔서에도 이와 비슷한 예언이 있다.

세례 요한 역시 "요한이 모든 사람에게 대답하여 이르되 나는 물로 너희에게 세례를 베풀거니와 나보다 능력이 많으신 이가 오시나니 나는 그의 신발끈을 풀기도 감당하지 못하겠노라 그는 성령과 불로 너희에게 세례를 베푸실 것이요"(눅 3:16)라고 말함으로써 똑같은 예언을 했다.

우리 주님께서도 역시 다가올 위대한 선물에 대해 제자들에게 이와 비슷하게 가르치셨다.

사도 요한의 복음서 14, 15, 16장과 12장 37-39절에서 가르치고 있는 모든 것이 바로 이것이다.

우리는 주님께서 부활하신 후 사도행전 1장 4-8절에서도 동일한 메시지를 반복하시는 것을 발견할 수 있다(눅 24:49 참조).

이 모든 것은 결정적인 중요성을 가지고 있으며, 그것은 또한 사실의 문제이다. 이것이 일어나고 있었던 정확한 시간이 구약에 명확하게 진술되어 있었다. 그것은 오순절의 축제에 예시된 사건이었다.

이것은 단지 심리학적인 조건 몇 가지가 성취되고 있는 문제가 아니다. 수 세기 이전에 어떻게 그런 일이 예언될 수 있는가? 만약 그것이 어떤 심리적인 사건에 지나지 않는다면, 우리에게는 어떻게 그 예언자들이 이 사건을 그렇게 상세하게 예언할 수 있었을까 하는 문제가 남게 된다.

그러나 우리가 오순절은 단지 구원과 관련된 위대한 사건들 중의 하나라는 것을 믿는다면, 그리고 수 세기를 거쳐 내려오는 동안 하나님에 의해 약속되어 온 (그래서 '아버지의 약속'이라고 불리는)성령을 주 예수 그리스도께서 보내셨고 부으셨다고 믿는다면 아무런 문제가 없다.

사강 박사가 불행하게도 인정하지 않는 것은, 오순절 날 행했던 베드로의 설교의 능력이 그 베드로의 기교에 있었던 것이 아니라 성령의 능력이었다는 사실이다.

오순절 날의 베드로의 설교에 대한 그의 분석은 사도행전의 기록을 엉망으로 만들어 놓는 것이다. 그것은 신약의 성령에 대한 교리, 특히 베드로나 바울, 혹은 그 다음 세대에 하나님께서 불러 위대한 설교자로 사용하신 모든 사람들의 사역 가운데 있는 '성령 충만'의 결과를 이해하지 못한 결과이다. 베드로가 고의적으로 자극을 주어 청중을 교묘하게 다룸으로써 그들을 어떤 결정 속으로 '집어던졌다'는 것은 정말 우스운 생각이다.

파시스트들에 의한 것이든 공산주의자들에 의한 것이든 정치적인 '세뇌'의 경우에는, 파블로프의 실험에서와 같이 어떤 조건화를 산출하고 그 결과를 얻기 위하여 얼마의 시간 동안 자극이 반복적으로 주어지는 경우이다.

그러나 오순절 날 일어났던 일은 전혀 그것을 보여 주지 않는다. 효과는 즉각적인 것이었으며, 그래서 그 경우에 실제로 일어났던 사실은 내가 보기에 이 책의 주요 논점을 무력화시키는 것으로 보인다.

종교적 부흥의 성격

99페이지와 100페이지에서, 사강 박사는 또 이렇게 말하고 있다.

"퀘이커 교도들은 나중에 부유하고 인정받는 집단이 되기 위하여 초기에 그들로 하여금 영적 힘을 갖게 만들었던 방법들을 버리고 정착하였다. 새로운 종교 집단들의 운명은 그들의 초기 '열광적인' 설립자들의 활력을 상실한다는 것이다. 나중의 지도자들은 조직을 개선할지는 모르지만, 회심시키는 원래의 기교들은 종종 암암리에 거부된다. 부스 대장(General Booth)의 초기 구세군에게 있었던 열광적인 투쟁 정신은 사라져 버렸다. 웨일즈 부흥 운동의 광란적인 장면은 "휠"(hwyl:열정적인 찬송을 갑자기 시작함으로써 회중을 종교적 열광 상태로 몰입시키기 위해 사용되었던 웨일즈 지방의 설교 방식)이 좀처럼 행해지지 않고 있는 새롭고 책임 있는 예배에서 잊혀졌다. 빌리 그래함 박사가 영국에서 청중의 감성보다는 그들의 지성에 호소한 연설이 그토록 커다란 성공을 거두었다는 사실은 이 책에서 논의되고 있는 문제들이 얼마나 광범위하게 무시되고 있는가 하는 것을 보여 준다."

다시 한번 동일한 궤변이 나타나고, 우리는 창시자들이 신중하게 어떤 기교를 도입하고 채택했는데 후계자들이 그것을 포기했다는 사실을 받아들이도록 요구받는다.

간단한 대답은, 이러한 경우들 중 어디에서도(초기의 방법들을 아직도 채택하고 있는 운동인 구세군이 하나의 예외가 될지도 모르지만), 어느 누구도, 어느 그룹의 사람들도 그런 기교를 전혀 도입하거나 채택하지 않았다는 것이다.

우리는 각 경우가 하나님의 성령께서 확실한 경험으로 인도하시는 운동이었다는 것을 알 수 있으며, 또 각 경우에 그것은 갑자기 시작되었다. 덧붙여 말하자면, '웨일즈 부흥 운동의 광란

적인 장면'은 결코 설교자의 '휠'에 의해 설명될 수 없는데, 왜냐
하면 그것은 역사의 단순한 사실로서(그리고 많은 사람들의 견
해에 의하면 유감스러운 사실로서), 지난 웨일즈 부흥 운동 기
간 동안에는 실제로 설교가 행해지지 않았기 때문이다!

하나의 이론은 때때로 그 이론의 주창자에게 너무나 큰 영향
을 미치는 것 같다! 더욱이 사강 박사가 언급하는 변화에 대한
설명과 실제로 발생했던 사건에 대한 설명은 그가 제시하는 것
과 너무나 다르다. 실제로 일어난 일은 전에 채택되었던 '기교
들'이 지금은 포기된 것이 아니라 초기 지도자들의 믿음으로부
터 광범위한 이탈이 일어난 것이며, 그래서 교회의 사역이 과
거처럼 성령에 의해 존중되지 못하고 있는 것이다. 그런데 사강
박사는 이러한 요인을 알지 못하고 있는 것 같다.

그것과 마찬가지로 사강 박사는 또한 부흥에 관한 진리를 전
체적인 맥락에서 파악하고 있는 것 같지 않다. 그는 종교적인
부흥을 전혀 사실 그대로 다루지 않으며, 또한 교회의 역사에서
때때로 일어나는 이 특이한 현상에 관심을 가지고 있는 것 같지

도 않다.

예를 들어 어떤 부흥 운동이든지 그 기원에 대한 질문을 제기해보자. 그 전체적인 운동은 어떻게 시작되는가? 사강 박사에 의하면 어디로부터 그 자극이 오는가?

일반적으로 부흥 이전의 교회는 침체되고 무기력한 상태에 있다는 것이 정확한 사실이다. 그러다가 갑자기 어떤 명백하게 설명할 수 없는 이유에 의하여 한 사람이나 몇 명의 사람들이 기존 흐름을 깨트리기 시작하고 교회의 상태에 대해 관심을 갖게 된다. 그들은 그들 자신들의 삶에 만족하지 못하게 되고, 하나님 앞에 나아가 그들과 전 교회의 죄악을 고백하고 성령께서 찾아와 주시기를 간구하는 기도를 하게 된다. 하나님께서는 그의 은혜 가운데, 그리고 자신이 정해 놓으신 시간 속에서 그 기도를 들으시고 그의 성령을 부으신다. 그래서 부흥이 시작되고 퍼져나가게 되는 것이다. 때로는 이러한 일이 동시에 여러 곳에서, 심지어는 다른 나라들에서 일어나기도 한다.

그러나 사강 박사의 책에 나오는 가설은 이렇게 묻는다.

"원래의 자극은 어디서 오는 것인가?"

그의 책은 그 결정적으로 중요한 질문에 관하여 우리에게 전혀 도움이 되지 않는다.

같은 방법으로, 나는 이제 부흥이 어떻게 끝나는지를 이해하고 설명하고자 한다. 부흥의 종결은 그것의 시작만큼이나 갑작스러운 것이 일반적인 경우였다. 사강 박사는 피니(C.G. Finney)를 인용하는데, 피니는 확실히 이 주제에 관한 한 매우 중요한 인물이다.

그는 만약 어떤 사람이 주어진 기교를 적용한다면 언제라도 부흥을 일으킬 수 있다고 분명하게 가르친 사람이었다. 그것은 부흥에 관한 피니의 가르침의 핵심이다.

그러나 역사는 피니가 완전히 틀렸다는 것을 분명히 증명했다. 많은 사람들이 그의 기교를 사용하여 부흥을 계획하고, 정직하고 진지하게, 그리고 전심으로 그렇게 해 보았지만 원하는 부

> **부흥은 언제나 하나님의 주권에 의해 주어지는 것이다. 어떤 기교나 방법, 혹은 조직에 의해 이루어지는 것이 절대 아니다.**

흥은 일어나지 않았다.

피니의 중요한 실수들 중 하나는 '복음전도 캠페인'과 부흥을 혼동했으며, 부흥이 언제나 하나님의 주권에 의해 주어지는 것이라는 사실을 망각했다는 것이다. 그것은 어떤 기교나 방법, 혹은 조직에 의해 이루어지는 것이 결코 아니다.

역사적인 사실을 볼 때 피니 자신은 상당한 기간 동안 진실한 부흥을 경험했으며 하나님에 의해 크게 사용되었던 것이 분명하다. 이 부흥 기간 동안에 특정한 죄의 고백과 그에 따른 다른 부수적인 활동 등의 특별한 일들이 일어났다. 이러한 결과들을 피니는 잘못 해석하였고, 그 결과 만약 사람들을 설득하여 그들의 죄를 고백하게 할 수 있다면 부흥이 일어날 수 있다는 그의 이론이 제안된 것 같다. 그것은 만약 우리가 부흥의 결과와 그 후속 조치를 산출할 수 있다면 부흥 그 자체를 일으킨 것이라고 믿는 오류이다!

피니의 전도자로서의 기간이 끝나고 신학 교수가 된 후의 논설을 싣고 있는 「오벌린의 전도자」(Oberlin Zvangelist)에 보면,

저자가 자신의 기교에 대해 의문시하게 되었다는 것을 알 수 있다. 거기에는 피나에 의해 쓰여진 이런 글이 있다.

"만약 내가 전성기를 다시 맞게 된다면 나는 거룩함 이외에는 아무것도 설교하지 않을 것이다. 내 부흥의 회심자들은 기독교의 망신 거리였다. 만약 내가 전성기를 다시 맞게 된다면 나는 거룩함 이외에는 아무것도 설교하지 않을 것이다."

그것은 이 전도자의 방법이 사람들의 의지와 감정에 가져다 준 엄청난 압박감이 단지 일시적인 결과밖에 산출하지 못했다는 것을 암시한다.

요약해서 말하자면, 「정신세계의 전쟁」에서는 성령의 인격과 사역이 전적으로 간과되고 있다. 그것은 교회의 역사가 전적으로 인간의 활동으로 설명될 수 있다고 추정하고 있다. 우리가 살펴본 대로, 교회 역사에 일어난 사실들은 철저하게 그 추정이 잘못되었음을 증명한다.

만약 교회가 인간에 의한 기구에 지나지 않는다면, 그것은 벌써 오래 전에 사라졌으리라는 것보다 명확한 사실은 없다. 교회의 존속으로 전적으로 하나님께서 때를 따라 보내시는 성령의 능력과 부어 주심의 덕분이다. 성령께서는 그 능력이 언제나 '인간의 것이 아니라 하나님의 것'임을 명확하게 가리키는 방법으로 이 일을 행하신다.

Ⅲ. 이 연구의 긍정적인 가치

이제 이 책에서 말하는 내용에 비추어 우리 그리스도인의 모습을 되돌아보아야 할 단계에 왔다.

우리는 먼저 여러 가지 수단과 방법과 기교에 의하여 인간의 정신에 영향을 끼칠 수 있다는 데 사강 박사에게 동의함으로써 시작하지 않을 수 없다.

그것은 반박할 여지가 없는 사실이다. 우리는 이것이 정치적인 운동이나 다른 운동에 의해서와 마찬가지로 종교적인 운동에 의해서도 이루어질 수 있다는 것을 인정한다.

나는 사강 박사가 언급하고 있는 미국의 뱀을 다루는 집단과 같은 별난 종교적 운동을 변호하려는 것이 결코 아니다. 왜냐하면 그러한 행위는 성경의 가르침에 비추어볼 때 정당화될 수 없다는 견해를 가지고 있기 때문이다. 그래서 나는 그가 말하는 것처럼 많은 사람들의 정신에 종교적으로, 정치적으로, 그리고 사회학적으로 영향을 미치는 것이 가능하다는데 일반적으로 동의한다.

나는 또한 파시스트들이나 공산주의자들에 의해 자행된 소위 '세뇌'라는 것이 존재한다는 것도 명백히 인정한다. 이 현대적 비극은 분명한 사실이며, 우리가 그것을 하나의 현상으로서 받아들이기를 거부한다면 무책임한 노릇이 될 것이다.

마찬가지로, 우리는 모든 원시적인 종교들은 춤, 큰 북이나 작은 북을 두드리는 것, 어떤 유형의 노래를 부르는 것, 또는 그런 비슷한 일들과 기교를 채택한다는 것도 잘 알고 있다. 어떤 목표하는 결과를 산출하기 위하여 다양한 형태의 그런 수단들을 채택하는 것은 모든 원시적인 종교들의 특징적인 모습이다.

나는 사강 박사가 이 모든 것들에 매우 강렬한 방법으로 주의를 집중시키게 했다는 사실에 완전히 동의한다. 그래서 그의 책은 어느 정도 오늘날의 사람들에게 정치적인 교리의 주입이라는 심각한 위험에 대해 경고하는 상당한 가치를 지닌 것으로 인정되어야 한다.

우리는 전후(戰後)의 문서들에 의하여 그러한 일들이 독일과 같이 문화가 발달되고 많은 교육이 시행된 나라에서도 광범위하게 퍼져 나갈 수 있다는 것을 알게 되었으며, 따라서 그것은 어느 사회에서나 일어날 수 있는 일인 것이 분명하다. 그래서 우리는 두뇌가 명석한 사람들이 좋은 기교를 사용하여 그들이 원하는 결과를 산출하도록 사람들의 정신에 영향을 끼칠 수 있다는 사실에 유념해야 할 필요가 있다.

그러나 이제 그 이상의 질문이 제기된다. 이 모든 것은 우리 그리스도인들, 특히 복음적인 그리스도인들에게 해당되는 것들인가? 내가 보아 온 상황에 의하면, 참된 복음을 전파하기를 신실하게 열망하는 사람들 가운데서조차도 그릇된 풍조가 발달되고 퍼질 수 있다는 것이다. 솔직하게 말한다면 이러한 경향들 중 어떤 것들은 과거에 복음적인 집단 안에까지 스며들어 왔었다고 말하지 않을 수 없다. 몇 가지 예를 살펴보자.

나는 조나단 에드워드(Jonathan Edwards)를 찬양하는 데 있어서 두 번째 가라면 서러워할 사람이다. 그러나 에드워드는 지옥에 관한 그의 설교에서 때때로 성경이 그에게 말하도록 보장한, 다시 말해서 성경에 기록된 그 이상의 이야기를 하는 경우가 많았다. 그는 그의 상상력이 마음껏 날개 짓 하도록 내버려 두었다. 그는 사강 박사가 그의 책에서 말하고 있는 것과 거의 같은 것을 가지고 시작했다.

또한 사도 시대 이래 교회가 배출한 가장 위대한 설교자들 중 한 사람이라 해도 틀리지 않을 조지 휘트필드에서도 그러한 사실들을 찾아볼 수 있다. 휘트필드도 가끔씩 그에게 보장된 부분을 지나쳐버린 경우가 있었던 것이다. 내 말은 그가 그 자신의 웅변과 상상력이 그와 함께 내달리는 것을 내버려 두었다는 것이다. 그는 그의 청중에게 심리적이라고 할 수는 없지만 웅변적인 효과를 산출함으로써 더 이상 복음의 메시지를 전하지 않고 있는 상황에까지 도달하곤 했다.

나는 이러한 예를 다른 수많은 설교자들에게서도 찾을 수 있다. 생생한 이야기나 예화를 잘못 사용할 경우, 청중은 사실 하나님의 진리에 의해 영향을 받는 것이 아니라 그 이야기나 예화의 생생하거나 극적인 특징에 의해 영향을 받게 될 수가 있는 것이다.

예를 들면, 나는 청중에게 결단과 행동을 미루는 것이 얼마나 위험한가를 확신시키려 노력한 한 설교자의 이야기를 들은 적이 있다. 그는 해변에 있는 사람들에 관한 이야기를 예화로 들었는데, 그들은 어느 날 오후에 해안으로부터 이어진 바위 곳을 향해 걷고 있었다. 그들은 그 바위까지 걸어갔는데 마침 밀물이 들기 시작하여 바닷물이 그들의 주위를 둘러싸기 시작했다. 그들은 그 광경을 즐기며 바다를 바라보고 있었다. 그들은 파도가 양쪽에서 몰려와 그들이 서 있는 곳을 육지로부터 점점 끊어 버리고 있다는 사실을 깨닫지 못했다. 그들은 일광욕과 낚시를 즐기면서 그들에게 닥친 위험을 알아차리지 못했던 것이다. 그러다가 갑자기 누군가가 그것을 알아차렸고, 그들이 되돌아갈 길이 막혔는가에 대한 긴급한 질문들이 제기되었다. 그들은 이미

물에 둘러싸였는가? 얼마가 지나면 바다가 그곳마저 덮어 버리고 그들이 모두 익사하게 될 것인가? 그 설교자는 이 이야기를 전개하는데 많은 시간을 할애했고, 그는 청중들을 그 매우 극적인 효과로부터 아무도 피할 수 없을 지경으로까지 몰고 갔다. 그 시점에서 그는 갑자기 이렇게 외쳤다. "만약 여러분이 지금 당장 도망치지 않는다면 너무 늦고 말 것입니다."그랬더니 모든 청중이 정말로 벌떡 일어났고, 예배당은 금방 텅 비게 되었다는 것이다.

그러한 일에 관해 우리가 말하고자 하는 것은 무엇인가? 나는 주저함 없이 그런 종류의 설교를 비난하고자 한다. 그 상황에서 그 영향은 순전히 심리적인 것이었으며, 그들의 정신은 이 생생한 묘사에 의해 사로잡혀 그들이 거의 자동적으로 행동하게 되었다는 것을 부인할 사람은 아무도 없을 것이다. 그 상황에서는 '영'이 아니라 '육'에 의해 조종되고 있는 것이다.

그래서 우리는 비록 우리의 교리가 옳고 진실하다 해도 잘못되고 거짓된 방법을 채택함으로써-물론 선한 의도를 가지고 그

럴 수도 있겠지만-한계를 넘어설 수 있으며, 사강 박사에 의해 제시된 그런 종류의 비판에 우리 자신이 노출될 수 있다는 것을 인정함으로써 시작해야 한다.

그래서 나는 이 책이 복음적인 집단을 포함한 모든 그리스도인들에게 하나의 도전으로 받아들여져야 할 것을 제안한다. 우리는 이 책에 대해 이미 앞에서 살펴본 것과 같은 맥락의 반응을 하는 것만으로 만족하지 말고 다음과 같은 질문을 솔직하게 우리 자신에게 던져야 한다.

여기에 우리의 행위에 대한 정당한 비판은 없는가? 비록 무의식적일 망정 사강 박사가 말한 것 중에 우리의 마음에 걸리는 어떤 것을 지적하는 사실들은 없는가? 예를 들어, 우리의 사역 가운데 언제나 똑같은 형태를 재생하는 경향은 없는가? 우리가 함께하는 사람들은 언제나 하나의 특별한 유형이나 계층에서 나온 사람들로만 구성되는 경향이 있지는 않은가?

그렇다면 심각하게 잘못된 어떤 것이 있는 것이다. 심리적인 방법과 운동들은 언제나 똑같은 형태를 재생하는 반면, 기독교 신앙은 언제나 모든 계층과 모든 종류의 사람들로부터 회심자를 얻는다.

만약 우리가 단지 속의 완두콩이나 한 줄의 우표처럼 똑같은 사람만을 산출해 내는 경향이 있다면, 그것은 영적인 것이 아니라 심리적인 것이 아닌가 하는 의심이 당장 일어나지 않을 수 없다.

다시 한번 사강 박사의 글을 인용해 보겠다. 그는(161페이지에서) 이렇게 말한다.

"전쟁이라는 극심한 스트레스 아래 있는 정상적인 사람이나 또는 평화시나 전쟁시를 막론하고 지속적으로 불안해 하고 신경 과민에 빠져 있는 사람들에게는 평화시의 보다 작은 스트레스 아래 있는 정상적인 사람들에 비해 히스테리 현상 발생률이 높다는 사실은, 우리가 살펴본 것처럼 세뇌나 종교적인 회심의 희생자가 될 수 있는 가능성이 가장 높은 사람들은 단순하고 건강한 외향적인 사람들이라는 사실의 또 다른 증거가 된다."

오늘날 복음 전도에 큰 비중을 두는 몇몇 집단 안에 '단순하고 건강한 외향적인' 사람들이 많다는 사실처럼 나에게 거북한 느낌을 갖게 하는 것도 없다.

사강 박사의 노제에 비추어 우리 자신을 돌아보게 하는 또 하나의 질문은 소위 복음 전도 캠페인의 '일시적인 결과'라고 나는 생각한다.

우리는 복음 전도의 호소에 응하여 앞으로 나아가는 많은 숫자와, 정말로 교회에 등록하여 계속 출석하는 상대적으로 적은 숫자 사이의 불일치에 주목해야 한다. 그것은 우리가 조사해 보아야 할 사실-현상-이다.

단지 "하지만 중간에 그만두지 않고 계속 나오는 저 남아 있는 사람들을 좀 봐"라고 말하는 것만으로는 충분하지 않다. 물론 그 사람들을 보면 잘된 일이다. 그렇지만 다른 사람들은 어떻게 되었는가? 애초에 그들에게 일어났던 일은 무엇인가?

그것이 우리가 설명해야 할 어떤 것이다. 그것을 다른 형태에 적용한다면, 학생들과 젊은이들로 구성된 기독교적인 조직들은 그들의 구성원들이 대학 생활이나 기독교 연합과 같은 격조 높은 분위기에 있다가 세상으로 나가게 될 때 발생하는 심각한 손실에 무척이나 슬퍼한다. 그들 중 너무나도 많은 사람들이 '타락'하는 것이다. 그것이 어느 정도인지 정확하게 알지는 못하지만, 어느 정도이든 그것은 심각한 손실임에 틀림없다. 이것 역시 우리에게 설명을 요구하는 것이라고 나는 생각한다.

그래서 나는 다음과 같은 질문을 제기하고자 한다. 우리들의 방법과 전도에 대한 접근 가운데 몇 가지 경우들은 전혀 의심할 여지가 없는 것들인가?

나는 3가지 중요한 이유 때문에 우리가 이것에 관심을 가져야 한다고 생각한다.

첫째는,

만약 우리의 방법이 이런 식으로 잘못되었다면 우리는 사강

박사에 의해 제시되고 있는 것과 같은 그런 비판에 문을 넓게
연 것이 된다.

그것만 해도 매우 심각한 문제이다. 그러나 그것만이 내가 말
하고자 하는 이유는 아니다. 나에게는 그것이 가장 심각한 이유
가 되지는 않는다. 더 중요한 것은, 그런 잘못된 방법들이 비성
경적이며, 그것들은 복음의 평판을 떨어뜨리며, 또한 교회 밖에
있는 사람들을 조롱하는 것이라는 사실이다.

그는 이렇게 논평한다.

"이것은 모두 심리적인 것이다. 당신은 그것이 한 순간에 일
어났다가 그 다음 순간에 어떻게 되는지를 볼 수 있다!"

그런 식으로 복음의 평판이 떨어진다. 그러나 우리로 하여금
스스로를 돌아보게 하는 가장 심각한 이유는, 그런 경향과 기교
의 사용이 믿음의 결핍을 의미하는 것이기 때문이다. 기교와 방
법에 너무 집착하는 것은 언제나 성령께서 일하시는 것을 믿지

못하는 것의 표시라고 나는 말하고 싶다.

그렇다면 복음 전도의 열정을 가진 그리스도인들을 위한 보다 상세한 교훈은 무엇인가? 이러한 모든 현대적인 현상(특히 정치적인 영역에서)에 비추어 볼 때 우리가 피해야 할 어떤 위험들이 있다는 것은 분명하다.

우선적으로 고려해야 할 사실은, 우리가 말하는 메시지와 우리가 사용하는 방법이 분리되어서는 안 된다는 것이다. 모든 사람들이 우리의 메시지뿐만 아니라 우리가 사용하는 방법이 신약과 그 가르침에 의해 통제되고 있다는 데 확실히 동의하는가? 이 문제에 대한 매우 중요한 구절은 고린도전서 2장 1-5절에서 발견된다.

"형제들아 내가 너희에게 나아가 하나님의 증거를 전할 때에 말과 지혜의 아름다운 것으로 아니하였나니 내가 너희 중에서 예수 그리스도와 그의 십자가에 못박히신 것 외에는 아무것도 알지 아니하기로 작정하였음이라 내가 너희 가운데 거할 때에

심리적인 것인가? 영적인 것인가?

약하며 두려워하며 심히 떨었노라 내 말과 내 전도함이 지혜의 권하는 말로 하지 아니하고 다만 성령의 나타남과 능력으로 하여 너희 믿음이 사람의 지혜에 있지 아니하고 다만 하나님의 능력에 있게 하려 하였노라."

여기서 그 위대한 사도는 자신은 의도적으로 어떤 방법들을 거절했으며, 그 결과가 사람에 의한 것이 아니라 하나님에 의한 것임을 모든 사람들에게 명백히 하기 위하여 그렇게 했다는 것을 우리에게 설명하기 위해 애쓰고 있다. 그는 "성령의 나타남과 능력으로"모든 것을 하였다. 그는 의도적으로 "지혜의 권하는 말"을 사용하지 않았다.

다시 말해서 사도 바울은 자신이 알고 있는 것으로 청중에게 호소하는 것이나, 또는 사람들이 좋아하는 것과 사람들에게 익숙한 것을 의도적으로 피했다는 것이다. 그는 헬라의 수사학자들과 철학자들의 방법을 신중하게 피했다. 그에 대하여, 그는 '어리석은 자'가 되었으며 그것도 어떤 목적에 따라 그렇게 했다고 말한다.

이 말에서 우리는 우리의 수단이 그와 비슷한 방법으로 통제되어야 하며, 또한 그것은 언제나 '성령의 나타남과 능력으로' 해야 한다고 말하는 사도적인 유형과 사도적인 권위를 발견한다.

어떤 사람이 세상이 성공적이라고 생각하는 수단 - 그것이 신약의 원리들을 지킨 것이든 아니든 - 을 채택할 것인가를 논하면서 동시에 성령에 의해 통제되는 메시지를 전하는 것은 잘못이라고 말하는 것은 사실이 아닌가? 그래서 나는 우리가「정신 세계의 전쟁」이라는 책에서 말하고 있는 비판에 문을 활짝 열었다고 말하는 것이다. 그런 경고에 대한 응답으로 사람들은 가끔 이렇게 물을 것이다.

"그렇지만 왜 성령께서는 이러한 현대적인 기교들을 사용하실 수 없다는 것인가? 왜 성령과 기교를 서로 반대되는 것으로 설정하는가?"

그에 대한 대답은, 사도 바울은 결코 그런 식으로 논쟁하려 하지 않고 "인간의 지혜"라는 제목 아래 포함될 수 있는 모든 것을 의도적으로 피했다는 것이다. 그는 철학과 수사학의 사용에 관하여 그런 식으로 논쟁할 수도 있었지만 일부러 그렇게 한 것이다.

둘째로,

우리는 복음 전도 활동에 있어서 우리가 심리적인 방법으로 사람들을 '조건화'하고 있다는 의심을 살 만한 모든 것을 피해야 한다고 나는 생각한다.

우리는 우리가 고려해 온 유형의 비판에 문을 열어 주는 것은 어떤 것이든 제외시켜야 한다. 물론 피해야 할 중요한 것은 비판이 아니라 하나님께서 인정하실 수 없는 방법들의 사용이다. 이것은 다시 우리가 복음에 도움이 되도록 '기교'를 의도적으로 사용하는 것을 피해야 할 것을 의미한다.

독자들은 사강 박사의 책에 "기교"라는 말이 얼마나 자주 나오는지, 그리고 그가 웨슬레와 다른 사람들이 의도적으로 '기교'를 사용했고 얼마나 비난하는지 쉽게 알 수 있을 것이다. 만약 당신이 원하는 것이 심리적인 결과들이라면, 필연적으로 당신은 적당한 심리적인 기교들을 채택하게 될 것이다.

나는 지금 우리가 정말로 성령의 역사를 믿는다면 그렇게 해서는 안 된다고 말하는 것이 아니다. 우리는 성령께서 진리를 적용하실 것을 신뢰하면서 그 진리를 제시해야 한다.

그래서 나는 성경적인 근거에서 우리가 어떤 목적을 가지고 기교를 채택하겠다고 결정해서는 안 된다고 강조하고 싶다. 그것은 심리학 곁에 다가가는 것이며, 결국 심리학을 사용하는 것이 된다.

또 다른 중요한 원리는, 기독교 복음을 제시하는 데 있어서 우리는 무엇보다 감정이나 의지에 직접적으로 접근해서는 결코 안 된다는 것이다.

감정과 의지는 언제나 정신을 통해서 영향을 받아야 한다. 진리는 정신에 다가가도록 되어 있다. 정상적으로는 진리가 먼저 정신에 들어가 이해된 다음, 정신에 의해 감정과 의지에 영향이 주어져야 한다. 내가 보기에는 이것이 성경의 원리이다. 감정과 의지에 대한 접근은 간접적이어야 한다.

그런데도 우리는 감정이나 의지에 압박을 부과하고 있는 것 같다. 우리는 사람들에게 '호소'해야지 결코 압박을 가해서는 안 된다. 우리는 '간청'을 해야지 위협해서는 안 되는 것이다. 내 생각에 이것은 모든 설교자와 사역자들이 언제나 마음 속에 이것을 분명히 구별하고 있어야 할 것 같다.

나는 기교와 방법들을 채택한 현대적인 복음 전도의 접근 방식들은, 만약 우리가 정말로 성령의 교리와 그분께서 하나님의 메시지를 적용하신다는 것을 믿는다면, 아무런 필요도 없는 것이라는 사실을 다시 한 번 확실히 말하고자 한다.

우리의 '기교'와 우리의 '방법'은 메시지의 진리로부터 그것이 의도한 것과 정반대의 효과를 갖고 있을 수도 있는, 보다 열등하고 특별하며 즉각적이고 실제적인 행동으로 사람들의 관심을

> 기교와 방법의 사용은 믿음의 결핍을 의미한다.
> 기교와 방법에 너무 집착하는 것을, 성령께서 일하시는 것을
> 믿지 못하는 표시이다.

돌리게 한다는 것을 나는 분명히 말한다.

내가 말하고자 하는 요점은, 우리가 영적인 조건이 아닌 심리적인 조건을 산출하는 것은 어떤 것이라도 피하는 것이 우리의 해야 할 일이라는 것이다.

다시 말해서, 정치적인 사건에서와 같이 종교적인 사건에도 존재하는 심리적인 요인에 초점을 맞춘 사강 박사의 이 책은, 선한 의도를 가진 사람들이 사용하는 방법들에 대해 의심을 하게 만들며, 또한 다양하게 계획된 '기교들'을 채택하는 증가하는 경향이 점점 늘어나는 것에 대해 그 위험성을 경고한다는 것이다.

거기까지는 우리가 사강 박사에게 감사해야 할 것이다. 자신의 실수를 인정하지도 않으면서 상대방의 모든 말을 외면하는 것만큼 나쁜 일은 없을 것이다. 기독교 신앙의 핵심적인 면과 특정한 역사적인 사건들에 대한 사강 박사의 심각한 오해는 유감스럽고 통탄할 일이지만, 우리는 한편으로 우리 자신의 모습과 행동을 되돌아보고 개선하도록 우리 앞에 명백하게 제시해

놓은 그의 논제를 유용하게 사용할 수 있을 것이다.

마지막으로, 우리는 하나의 근본적인 질문에 직면하지 않을 수 없다.

우리는 복음 전도 캠페인과 그것을 새로운 방법과 기교로 더 효과적으로 만들려는 시도에 근본적으로 그리고 거의 배타적으로 관심을 가져야 하는가? 혹은 교회가 수 세기 동안 행해 온 기도와 기독교의 교훈의 기초를 놓는 일과 성경에 기록된 대로의 부흥에 우리가 집중하지 말아야 하는가? 우리는 하나님의 성령의 임재를 위한 더 큰 열심을 가지고 교회와 우리 개인을 위하여 기도하지 말아야 하는가?

성경의 규칙은 '오늘날의 20세기'에도 폐기되지 않았으며, "만군의 여호와께서 말씀하시되 힘으로도 되지 아니하며 능으로도 도지 아니하고 오직 나의 신으로 되느니라"는 말씀은 여전히 진리이다.